PARA LAS

ALERGIAS

DON COLBERT, Dr. en Med.

La cura bíblica para las alergias por Don Colbert, Dr. en Med.
Publicado por Casa Creación
Una división de Strang Communications Company
600 Rinehart Road
Lake Mary, Florida 32746
www.casacreacion.com

A menos que se indique lo contrario, todos los textos bíblicos han sido tomados de la Versión Reina-Valera de 1960.

Este libro no lleva la intención de proporcionar consejos médicos, ni de reemplazar los consejos y el tratamiento de su médico personal. Aconsejamos a los lectores que consulten a su propio médico o a otros profesionales cualificados de la salud con respecto al tratamiento de sus problemas médicos. Ni la casa editora ni el autor toman responsabilidad alguna por las posibles consecuencias de ningún tratamiento, acción o aplicación de medicinas, suplementos, hierbas o preparaciones a ninguna persona que lea o siga la información de este libro. Si los lectores están tomando medicinas recetadas, deben consultar con su médico, y no dejar esas medicinas para comenzar la suplementación sin la debida supervisión de un médico.

Traducido por Andrés Carrodeguas

Copyright © 2002 por Don Colbert, M.D.
Todos los derechos reservados
ISBN: 0-88419-822-7

2 3 4 5 6 7 ❖ 8 7 6 5 4 3 2 1

¡Se sentirá mejor!

Dios quiere que usted se sienta mejor, más sano... e incluso más joven. Deje de estornudar y jadear por culpa de las alergias que lo agotan, lo limitan, y le roban la energía y el gozo. La maravillosa Palabra de Dios dice:

> Bendice, alma mía, a Jehová, Y no olvides ninguno de sus beneficios. Él es quien perdona todas tus iniquidades, el que sana todas tus dolencias; el que rescata del hoyo tu vida, el que te corona de favores y misericordias; el que sacia de bien tu boca de modo que te rejuvenezcas como el águila.
>
> —Salmo 103:2-5

Este poderoso versículo bíblico revela lo mucho que Dios lo ama y quiere que se sienta verdaderamente bien. Si tiene que batallar guerras constantes o por estaciones contra las alergias, no está solo. Las estadísticas señalan que más de la tercera parte de toda la población de los Estados Unidos sufre junto con usted.

La tercera parte de los estadounidenses estornudan, drenan, gotean y tosen

Las alergias afectan a cerca del treinta y ocho por ciento de los estadounidenses; casi el doble de lo que creían en el pasado los expertos en alergias. Según una nueva encuesta publicada por el Colegio estadounidense de Alergia, Asma e Inmunología, son millones los que se apoyan innecesariamente en medicinas, porque no conocen otras opciones eficaces en cuanto a tratamiento.[1]

Las reacciones alérgicas no son el plan de Dios para usted. La poderosa Palabra de Dios promete: "Porque yo sé los pensamientos que tengo acerca de vosotros, dice Jehová, pensamientos de paz, y no de mal, para daros el fin que esperáis. Entonces me invocaréis, y vendréis y oraréis a mí, y yo os oiré; y me buscaréis y me hallaréis, porque me buscaréis de todo vuestro corazón. Y seré hallado por vosotros, dice Jehová, y haré volver vuestra cautividad, y os reuniré de todas las naciones y de todos los lugares adonde os arrojé, dice Jehová; y os haré volver al lugar de donde os hice llevar" (Jeremías 29:11-14).

Tome ánimo y energía

En la lectura de este librito descubrirá formas de evitar esas cosas que causan las alergias en su vida. También se comenzará a sentir mejor física, emocional y espiritualmente. Este librito de cura bíblica está lleno de pasos prácticos, esperanza, aliento y valiosa información sobre cómo mantenerse en forma y saludable. En este libro descubrirá:

El plan divino de salud
para cuerpo, alma y espíritu
por medio de la medicina moderna,
buena nutrición
y el poder medicinal
de las Escrituras y la oración.

Descubrirá a lo largo de todo el librito unos transformadores textos bíblicos sobre sanidad que lo fortalecerán y le darán energías.

A medida que lea, aplique las promesas de Dios y confíe en ellas, también descubrirá unas poderosas oraciones de cura bíblica que lo ayudarán a poner en sintonía sus pensamientos y sentimientos con el plan divino de salud para usted; un plan que comprende una vida victoriosa. En este librito de cura bíblica se le equipará para vencer sus alergias en los siguientes capítulos:

Es mucho lo que usted puede hacer para superar las alergias y derrotar los desagradables síntomas que las acompañan. Este plan de cura bíblica le dará energía al poner en usted seguridad, decisión y conocimiento con el fin de que viva libre de alergias. El poder sanador de Dios es mayor que cuanto ataques de alergia esté pasando usted en estos momentos.

Una estrategia nueva y atrevida

Este librito de cura bíblica está dinámicamente repleto de poderosas soluciones naturales y espirituales para combatir y derrotar sus síntomas de alergia. En él examinaremos los agentes que producen las alergias y le proporcionaremos formas de eliminarlos y combatirlos. También hallará formas sanas de comer y una poderosa estrategia para el uso de vitaminas y suplementos que van a fortalecer su sistema inmune y reducir sus síntomas de alergia. Dios lo ayudará a discernir los agentes que están causando sus reacciones alérgicas, y le dará el conocimiento, la comprensión y la decisión que necesita en los pasos necesarios hacia una vida libre de alergias.

Así que no se desanime. Su cura bíblica de las alergias se halla dentro del plan de Dios para su vida. Él quiere que usted camine en salud divina, libre de esos desagradables síntomas de alergia. En 3 Juan 2 hallamos lo que Dios desea para usted: "Querido hermano, pido a Dios que, así como te va bien espiritual-

mente, te vaya bien en todo y tengas buena salud"
(Dios habla hoy).

Yo creo que el poder de la fe en la maravillosa
Palabra de Dios, unida al toque divino de su mano
sanadora, junto con las sugerencias prácticas para
una vida libre de alergias que encontrará en este
libro, le restaurarán el aliento, la salud, la energía, la
vitalidad y el gozo.

— Dr. Don Colbert, M. D.

UNA ORACIÓN DE CURA BÍBLICA
PARA USTED

Le pido al Dios todopoderoso, que es nuestro Salvador y Sanador, que le dé sabiduría y discernimiento a medida que vaya leyendo este libro. Le pido que todo lo que le vaya a ayudar en estas páginas le sea mostrado como importante para usted y fácil de recordar. Le pido que todo cuanto usted aprenda sea causa de que lleve una vida libre de alergias. Amén.

Capítulo 1

Lo que son las alergias

Cuando Dios creó la humanidad, nos puso en un hermoso ambiente que se ajustaba a nosotros a la perfección. La Biblia dice: "Y vio Dios todo lo que había hecho, y he aquí que era bueno en gran manera" (Génesis 1:31).

Dios declaró que toda la creación era "buena", lo cual significa que era sana, pura, saludable y beneficiosa. En ella no había nada que le hiciera daño al cuerpo humano; era un ambiente perfecto. No obstante, la humanidad contaminó la maravillosa creación de Dios. El mundo actual se halla envenenado con toxinas que están en el aire que respiramos, el agua que bebemos y la comida que comemos.

Si usted tiene alergias, lo más probable es que ya esté bien consciente de los alergenos que hay en el mundo que lo rodea, y del efecto que éstos tienen en su cuerpo. Pero no se desaliente. Usted puede detener de manera natural su tos, su respiración entrecortada, los problemas de su nariz, sus ojos siempre aguados y otros síntomas a base de dar unos pasos positivos para eliminar las toxinas de su ambiente y controlar lo que come.

Es posible que mientras lee este librito descubra

algunas sorpresas acerca de usted mismo, sobre todo si está sufriendo de unos síntomas alérgicos menos comprendidos, como la depresión, los ataques de pánico, la confusión mental y el insomnio.

Las alergias más comunes son:

- La rinitis alérgica (fiebre de verano), cuyos síntomas son la congestión nasal, los estornudos, la picazón en la nariz, una descarga nasal transparente y la picazón en el paladar y (o) las orejas.
- El asma alérgica, cuyos síntomas son la respiración jadeante, la tos y la dificultad al respirar.
- La conjuntivitis alérgica (una alergia ocular), que produce enrojecimiento, picazón y una descarga crónica de mucosidad.
- El eczema alérgico, que es una erupción alérgica en la piel.
- La dermatitis alérgica por contacto, como por ejemplo, la reacción a la ortiga.
- Las alergias a ciertos alimentos.

¿Qué está causando sus alergias?

Las alergias son consecuencia de una avería en nuestro sistema inmune. Porque, como verá, Dios ha creado un increíble sistema inmune para todos y cada uno de nosotros. Este sistema ha sido diseñado para identificar lo que nuestro cuerpo realmente necesita, y diferenciarlo de lo que es ajeno o extraño a él. Cuando nuestro sistema inmune se encuentra con productos extraños, produce anticuerpos, los cuales hacen que los glóbulos blancos de la sangre liberen histaminas. Esto a su vez es lo que causa síntomas como ojos y nariz irritados y congestionados, estornudos, drenaje de líquido y otros. La sustancia extraña puede ser una bacteria, un virus o un parásito. Este maravilloso sistema inmune protege vigilando contra estos invasores extraños.

Sin embargo, surgen problemas cuando las comidas, el pelo de los animales, el polvo, el moho y el polen estimulan una respuesta con anticuerpos, causando una reacción inflamatoria. Esta reacción inflamatoria puede afectar a distintos órganos y terminar llevando al agotamiento y a enfermedades degenerativas.

> Asimismo, a todo hombre a quien Dios da riquezas y bienes, y le da también facultad para que coma de ellas, y tome su parte, y goce de su trabajo, esto es don de Dios.
> – *Eclesiastés 5:19*

Es como conducir un Ferrari

El sistema inmune de un alérgico se parece a un auto deportivo Ferrari que tuviera los frenos débiles. Cuando el que lo conduce trata de detenerlo a alta velocidad, los frenos débiles pueden hacer que el vehículo (su sistema inmune) gire fuera de control. Esta pérdida del sistema inmune lleva a la aparición continua de infecciones como sinusitis, bronquitis, infecciones en los oídos y artritis. Todas estas enfermedades causan que el sistema inmune trabaje sin cesar, por lo que termina debilitándose más aún. Cuando el sistema inmune de una persona se comienza a deteriorar, la persona se vuelve susceptible a toda clase de enfermedades.

Imagínese que un alimento destinado a nutrir el cuerpo pudiera acelerar el sistema inmune en lugar de nutrir. Cuando esto sucede, el canal gastrointestinal se puede inflamar, lo cual puede conducir a las alergias a comidas. El ciclo de reacciones alérgicas se mueve en una espiral cada vez más rápida, que termina conduciendo a enfermedades degenerativas crónicas.

El tanque lleno

Nos podemos imaginar el sistema inmune como un tanque de gasolina. Nuestro nivel de energía va a ser alto, si mantenemos lleno (o fuerte) el tanque a base de mejorar nuestra nutrición, limpiar nuestro ambiente, y tomar vitaminas y suplementos.

Cuando mantenemos fuerte nuestro sistema inmune le estamos dando a nuestro cuerpo el poder necesario para combatir los ataques físicos, de manera que podamos resistirnos ante la mayoría de las reacciones alérgicas y enfermedades. Sin embargo, si nuestro tanque se vacía hasta la mitad, o si se agotan las reservas de nuestro sistema inmune, entonces cualquier tensión excesiva –como la producida cuando se duerme mal, se entra en contacto con emanaciones o con humo de cigarrillos, o se tiene demasiada tensión en el trabajo—causa un impacto en nosotros. Cuando nuestro sistema inmune se debilita, la fuerza de las reacciones alérgicas puede superar a la capacidad del cuerpo para resistirlas. Cuando esto ocurre, comenzamos a estornudar y toser, se nos congestiona la nariz y nos pican los ojos. Los síntomas de la alergia aparecen abiertamente.

Veamos algunos métodos naturales para que usted mantenga lleno su tanque, o sea, fortalezca su sistema inmune.

Veámoslo más de cerca

Hay cinco tipos de reacciones alérgicas que puede experimentar una persona.

Tipo uno

Las reacciones del tipo uno son las que puede tener la persona ante la caspa de los animales, el polen, el polvo, el moho y cosas así. Se produce una reacción inmediata de hipersensibilidad, generalmente antes de las dos horas. Cuando el cuerpo entra en contacto con estos materiales, libera histamina y otros productos secundarios.

Los síntomas alérgicos que siguen dependen de dónde liberan la histamina las células del cuerpo. Si las células liberan sus sustancias productoras de alergia en los pasajes nasales, entonces se pueden presentar estornudos, secreción nasal y congestión. Si están envueltos los bronquios, entonces aparece el jadeo. Si el sitio es la piel, se pueden presentar eczema o urticaria.

Las reacciones del primer tipo sólo son responsables de las reacciones de alergia a las comidas en un diez a quince por ciento de ellas. Esto significa que sólo el uno o el dos por ciento de los adultos son alérgicos a comidas o experimentan una "reacción inmediata de hipersensibilidad del tipo uno". Puesto que las reacciones de tipo uno de producen en un porcentaje tan pequeño de los que sufren alergias, es fácil ver por qué los médicos pasan por alto con frecuencia los síntomas de alergia a las comidas.

Tipo dos

Las reacciones del tipo dos se producen cuando una sustancia alérgica se une con una célula saludable, y después los anticuerpos (grandes proteínas que combaten a los invasores extraños, como las bacterias y las toxinas) lo que hacen es destruir a la célula buena. Esto ocurre con frecuencia en las células intestinales y conduce a diarrea, abotagamiento e indigestión, náuseas, espasmos abdominales, colon espástico, eructos y flatulencias.

Tipo tres

Las reacciones del tipo tres son causadas cuando las sustancias que producen las alergias se unen a los anticuerpos para destruirlos y formar una sustancia llamada "complejo inmune". Entonces, estos complejos se pueden depositar en ciertos tejidos del cuerpo y, como consecuencia, lesionar dichos tejidos.

Tipo cuatro

Las reacciones del tipo cuatro aparecen, por ejemplo, cuando la persona toca hiedra venenosa. Cuando ciertas células especiales, llamadas células T, son estimuladas en un lugar determinado del cuerpo, como la piel, se produce una reacción alérgica del tipo cuatro. Las células estimuladas crean una inflamación en el lugar concreto; por ejemplo, en la piel, los pulmones o el tubo digestivo.

Reacciones de hipersensibilidad
a las comidas

Hay algunas reacciones alérgicas a las comidas que ni siquiera es el sistema inmune el que las desata. Son conocidas como reacciones de hipersensibilidad a las comidas. Se producen cuando no hay presente ningún anticuerpo alergénico, y sin embargo, se produce una reacción adversa ante la comida. Para simplificar, voy a considerar también las sensibilidades o hipersensibilidades a comidas como alergias a comidas.

Haga este pequeño examen que lo ayudará a comprender mejor la forma en que funcionan las alergias.

Examen sobre las alergias

1. Las alergias siempre comienzan durante la niñez. (Verdadero o Falso)

Falso – Aunque hay muchas personas a quienes les comienzan las alergias en la niñez, las alergias pueden comenzar a cualquier edad. Cada vez son más corrientes las alergias que comienzan en la edad adulta. Los síntomas son consecuencia de una sensibilidad anormal del sistema inmune a ciertos alergenos en particular; sustancias que suelen ser inofensivas. También es posible que las alergias vayan brotando y calmándose a lo largo de toda la vida de la persona.

2. Las alergias que producen estornudos y secreción nasal suelen desaparecer después de la primera helada, porque las temperaturas bajo cero matan a la mayoría de los alergenos. (Verdadero o Falso)

Falso – Aunque las heladas matan a las plantas que producen polen, como las hierbas, hierbas malas y hierbas lombrigueras, hay otros alergenos como los mohos, los ácaros del polvo y la caspa de animales, persisten durante todo el año.

3. La mejor forma de evitar las alergias causadas por el polen que flota en el aire es permanecer dentro de la casa. (Verdadero o Falso)

Falso – Evitar los alergenos es la primera línea de

defensa para los que sufren de alergias, pero hay otras formas de reducir al mínimo el contacto con estos alergenos, sin tener que quedarse todo el tiempo en casa. El paso crítico consiste en saber qué se debe evitar. Un alergista, o sea, un médico especializado en alergias, le puede ayudar a identificar las cosas que desatan sus reacciones alérgicas, y después ayudarlo a desarrollar un programa para evitarlas que funcione para usted.[1]

Creo que hoy estamos rodeados por mayor cantidad de alergenos que en ningún otro momento de la historia. Año tras año se desarrollan miles de productos nuevos y de sustancias químicas, y éstos muchas veces se abren paso hasta nuestra comida, nuestra agua y nuestro aire. Así que con el tiempo, habremos estado en contacto con muchas de estas sustancias. Además, gran parte de lo que comemos contiene sabores, conservantes, aditivos para las comidas y estabilizadores que pueden causar también alergias a las comidas.

Las alergias a las comidas

Ciertamente, las alergias a las comidas no son nuevas. Hace más de dos mil años, Hipócrates, el médico griego conocido como el padre de la medicina, describió alergias a comidas cuando hizo notar que el queso causaba fuertes reacciones en algunos hombres, mientras que otros lo podían comer sin reacción alguna.

También las comidas, las bebidas y cualquier producto que se ingiera son capaces de causar alergias; incluso los suplementos vitamínicos. La mayoría de los síntomas de alergia a las comidas tardan entre un par de horas y un par de días en aparecer, mientras que los síntomas de alergenos inhalados suelen aparecer de inmediato; es decir, dentro de las dos horas siguientes. Las sustancias que entran en contacto con la piel también pueden causar reacciones alérgicas.

Salideros en los intestinos

Una de las causas más corrientes de las alergias a los alimentos es un síndrome conocido como "síndrome de salideros en los intestinos". Sencillamente, esto significa que las paredes internas del intestino delgado están dañadas. Las células de estas paredes se aplastan e inflaman. Cuando esto sucede, el cuerpo no puede absorber adecuadamente los nutrientes, lo cual produce las alergias a los alimentos.

Los salideros en los intestinos son eso mismo que dicen ser. Son perforaciones en la membrana mucosa del conducto gastrointestinal, causadas por lesiones, infecciones u otras cosas, que permiten que las moléculas de alimentos entren directamente en el torrente sanguíneo. Entonces, estas moléculas causan unas reacciones alérgicas que se producen en las paredes intestinales, creando síntomas como diarreas, náuseas, abotagamiento, eructos y gases.

Esta dolencia está asociada también con el crecimiento excesivo de bacterias en el intestino delgado, la tensión, la candidiasis, las infecciones por parásitos y el uso de alcohol y medicamentos antiinflamatorios como Advil, Motrin, Nuprin y las marcas comerciales de ibuprofeno.

Cuando una persona sufre de salideros en los intestinos, los alimentos son absorbidos a través de los intestinos con mayor facilidad. Normalmente, los intestinos funcionan para absorber los materiales beneficiosos para el cuerpo, y para actuar como barreras a los materiales que le pueden hacer daño.

Los salideros en los intestinos permiten que las proteínas enteras de la comida, como la albúmina de los huevos, la caseína de la leche, el gluten del trigo y otras proteínas de distintos alimentos sean absorbidas directamente en el sistema circulatorio. Entonces se forman anticuerpos contra estas proteínas. Cuando se comen de nuevo estos mismos alimentos, los anti-cuerpos dan la señal de que un invasor tóxico ha entrado al sistema, y se comienzan a producir reac-ciones inflamatorias en el tubo digestivo. En otras palabras, las paredes internas del tubo digestivo se convierten en el campo de batalla donde se encuen-tran los antígenos (el alimento que causa la alergia) y los anticuerpos. Unos alimentos que deberían estar nutriendo a nuestro cuerpo, en realidad comienzan a agotar a nuestro sistema inmune al estimular unas reacciones inflamatorias en las paredes intestinales.

Además de esto, la levadura llamada cándida se

puede pegar a las paredes intestinales y formar unas estructuras en forma de raíces, que dañan la protección interna del tubo digestivo. Estas estructuras en forma de raíces reciben el nombre de *micelios*. De esta forma causan la inflamación de los intestinos, al mismo tiempo que los salideros.

¿Qué causa las alergias a los alimentos?

Entre los alimentos que causan alergias con mayor frecuencia se hallan los huevos, los productos lácteos y el trigo. Entre los demás alergenos se incluyen sustancias químicas como los hidrocarbonos, los pesticidas, las sustancias industriales y lo solventes. También se pueden incluir entre ellos medicinas o vacunas inyectadas, como el PPD, las inyecciones antituberculosas, las inmunizaciones de los niños y los medicamentos inyectables. Entre los alergenos también se pueden encontrar ciertas sustancias químicas que entran en contacto con la piel, como la hiedra venenosa, los cosméticos, los tintes de pelo, la pintura de uñas, el formaldehído, la gasolina, los guantes de látex, la caspa (o el pelo) de los animales y los detergentes. Además de todo esto, la tensión emocional mientras se come puede estimular las alergias a las comidas.

Síntomas de alergia a los alimentos

Las alergias a los alimentos están asociadas con muchas situaciones médicas diferentes que pueden impactar a casi todas las partes del cuerpo. Entre sus síntomas se incluyen las inflamaciones de la garganta, las infecciones continuas en los senos nasales, los estornudos, el goteo postnasal, la ronquera, los dolores de oído, el tintineo en los oídos, las infecciones de oído continuas y la picazón en los oídos.

Entre los **síntomas respiratorios** causados por las alergias a los alimentos se incluyen la tos, el asma, la bronquitis y el jadeo.

Entre los **síntomas en los intestinos** se incluyen la diarrea, la indigestión, los gases, los espasmos en el colon, las nauseas, los calambres abdominales, el estreñimiento, un aumento en los eructos, un aumento en la flatulencia, la indigestión y la acidez estomacal.

Entre los **síntomas en la piel** se incluyen la urticaria, los eczemas, la soriasis, los ojos hundidos, la picazón y el acné.

Su sistema nervioso también puede ser afectado por las alergias. Entre los síntomas pueden estar los siguientes:

- Depresión
- Debilidad
- Pánico
- Hiperactividad
- Mala memoria
- Pesadillas
- Falta de concentración
- Insomnio
- Alucinaciones
- Fatiga
- Ansiedad
- Confusión
- Delirios

Entre los **síntomas en el sistema urinario** se pueden incluir la necesidad frecuente de orinar, la urgencia a la hora de orinar, orinar involuntariamente durante la noche y dolor mientras se orina.

Entre los **problemas en los músculos y el esqueleto** se pueden hallar los dolores y molestias musculares, la debilidad muscular, la rigidez muscular, la rigidez de las articulaciones, la artritis y los dolores en la parte inferior de la espalda.

Pueden presentarse otros síntomas, como el agotamiento, la taquicardia, la irregularidad en los latidos del corazón y las palpitaciones. Lo típico es que las reacciones alérgicas a los alimentos comiencen entre pocos minutos después de comer el alimento dañino, y horas más tarde.

En resumen, he aquí una breve lista de los síntomas de alergias a los alimentos:

- Nariz congestionada y estornudos
- Inflamación en la parte superior de las vías respiratorias; en la lengua, los labios y la garganta
- Erupciones cutáneas, como urticaria y eczema
- Síntomas intestinales como vómitos, náuseas, espasmos estomacales, indigestión y diarrea
- Tos o jadeo
- Rinitis, que suele incluir picazón, congestión y exceso de líquido en la nariz
- Anafilaxis, una fuerte reacción alérgica que puede resultar mortal

¿Quién tiene alergia a los alimentos?

Mientras que se calcula que entre cuarenta y cincuenta millones de estadounidenses tienen alergias, sólo entre el uno y el dos por ciento de los adultos son alérgicos a algún alimento o aditivo. El ocho por ciento de los niños de menos de seis años tienen reacciones adversas a las comidas que ingieren; sólo entre el dos y el cinco por ciento tienen alergia confirmada a algún alimento.[2]

Las alergias ambientales

Aunque se han aprobado numerosas leyes para ayudar a limpiar nuestro aire y nuestra agua, nos seguimos enfrentando a una serie de toxinas irritantes que desencadenan reacciones alérgicas.

Muchos factores ambientales pueden causar alergias. Quiero centrarme en la categoría más amplia: los inhalantes. Los inhalantes son las materias que inhalamos o respiramos, dándoles entrada a nuestro cuerpo. Entre ellos se incluyen los siguientes materiales (haga una marca junto al inhalante del que usted sospecha que le puede estar causando sus síntomas alérgicos):

- Polen, como el de los árboles y las hierbas
- Esporas de moho

- Polvo
- Ácaros del polvo
- Caspa de animales
- Humo
- Cloruro
- Perfumes
- Cosméticos
- Humos químicos
- Pintura
- Aromas de cocina

Síntomas de alergia a inhalantes

Entre los síntomas de alergia a inhalantes se incluyen los estornudos, la nariz congestionada, las sinusitis continuas, la ronquera y los ojos con picazón, aguados y rojos. Una señal clara de alergia a los inhalantes es la presencia de círculos oscuros debajo de los ojos. Otra señal es el "saludo alérgico", o movimiento de la palma de la mano hacia arriba sobre la nariz, que crea una arruga horizontal a lo ancho de la nariz.

Prepárese para sentirse mejor

Con frecuencia, las alergias son problemas complicados, y el descubrimiento de sus causas también lo puede ser. Es posible que la persona sea alérgica a más de un alimento o factor ambiental, y esos factores pueden ir cambiando a lo largo de la vida, o incluso con las estaciones del año. Tal vez le tome oración, decisión y esfuerzo, pero usted puede descubrir las causas de sus alergias, y las va a descubrir, para comenzar a trabajar en las soluciones.

Aunque no comprenda del todo sus alergias enseguida, los pasos de cura bíblica que va a hallar en los capítulos que quedan de este librito le van a ser de gran utilidad. Cuando fortalezca su cuerpo, corrija unos cuantos factores ambientales y aprenda a obtener de Dios más fortaleza emocional y espiritual, va a descubrir muy pronto que se siente mucho mejor, tanto física como mental y emocionalmente.

UNA ORACIÓN DE CURA BÍBLICA
PARA USTED

Señor Dios todopoderoso, Creador del universo, te alabo por tu creación, tan buena y tan gloriosa. Te agradezco que hayas creado un aire y un agua limpios. Revélame las causas de las reacciones alérgicas de mi cuerpo. Dame el discernimiento y la sabiduría que necesito para comprender lo que estoy comiendo o inhalando que causa una reacción alérgica en mi cuerpo. Te agradezco que tu deseo para mí sea que camine en la salud divina. Amén.

UNA RECETA
DE
CURA BÍBLICA

Describa los síntomas que pueda tener a causa de las
siguientes alergias:

Alergias corrientes a alimentos

1. Huevos _____

_____

2. Productos lácteos _____

_____

3. Derivados del trigo _____

_____

Alergias corrientes a inhalantes

1. Polvo _____

_____

2. Polen (árboles, hierbas) _____

_____

3. Moho _____

_____

4. Caspa de animales (gatos, perros, aves)

_____

_____

5. Humo _____

_____

Mencione hábitos que tenga, que puedan estar produciendo reacciones alérgicas:

_____

_____

_____

_____

_____

_____

_____

_____

_____

_____

Describa lo que ha aprendido acerca de las alergias:

_____

_____

_____

_____

_____

_____

_____

Capítulo 2

Ataque las alergias con la nutrición

Lucrecio, escritor de la antigüedad, dijo: "Lo que es alimento para unos, para otros es amargo veneno". Cuando una persona reacciona ante un alimento generalmente inofensivo como si estuviera envenenada, está manifestando alergia a ese alimento.

Dios ha creado gran abundancia de alimentos naturales para nosotros. Génesis 1:29-30 revela: "Y dijo Dios: He aquí que os he dado toda planta que da semilla, que está sobre toda la tierra, y todo árbol en que hay fruto y que da semilla; os serán para comer. Y a toda bestia de la tierra, y a todas las aves de los cielos, y a todo lo que se arrastra sobre la tierra, en que hay vida, toda planta verde les será para comer".

Dios creó los alimentos que necesitaba nuestro cuerpo para nutrirse y crecer. Pero el cuerpo de cada persona no reacciona ante esos alimentos de la misma forma.

Es posible que sus alergias a ciertos alimentos se deban a la herencia, a las toxinas que contienen esos alimentos cuando son procesados, a un sistema gastrointestinal dañado a causa del alcohol o la aspirina, los medicamentos antiinflamatorios, los antibióticos o la levadura. Este capítulo le va a ayudar a identificar los alimentos a los que es posible que sea alérgico, y le va a dar algunos pasos positivos hacia la eliminación de esos alimentos en su dieta.

Vaya con calma:
Ocho sugerencias para la nutrición

Veamos: usted ni siquiera está seguro de lo que motiva su alergia, si es que la tiene. Es posible evitar muchas reacciones alérgicas mucho antes de que comiencen, o detenerlas una vez que hayan comenzado, a base de algunos pasos sencillos en la nutrición. Aquí tiene ocho formas importantes de hacer que las cosas sean algo más lentas, vivir mucho más y disfrutar de la vida un poco más. Si usted tiene hijos, estos ocho pasos pueden crear una base para que ellos comiencen en la vida con unos hábitos de nutrición que los ayudarán a construir un futuro libre de alergias.

1. Vaya con lentitud en cuanto a introducir nuevos alimentos.

No le dé comidas sólidas a su niño pequeño demasiado pronto. Si se las comienza a dar muy temprano, le puede causar alergias a los alimentos, sobre todo si no le ha dado el pecho. La mejor forma de evitar las alergias a los alimentos en los niños es darles el pecho cuando son bebés, durante los primeros seis meses de vida, antes de comenzar a darles alimentos sólidos.

2. Mastique y trague con lentitud.

Mastique bien su comida. ¿Sabía usted que las malas digestiones están estrechamente relacionadas con las alergias a los alimentos? Las malas digestiones comienzan con una forma incorrecta de masticar las comidas. Esto, junto con una cantidad inadecuada de ácido clorhídrico y de enzimas pancreáticas (los ácidos de la digestión), lleva a una digestión incompleta, lo cual puede causar los salideros intestinales.

3. Evite la aspirina.

Evite la aspirina, el alcohol, el ibuprofeno, los antibióticos y las toxinas ambientales. El crecimiento excesivo de levadura en el intestino delgado y el crecimiento excesivo de bacterias que causan las cosas mencionadas anteriormente pueden dañar la barrera de inmunidad y crear el síndrome de salideros intestinales.

4. Limite los líquidos.

No beba más de 15 centilitros de líquido durante las comidas. Mejor aún es tomar sus líquidos treinta minutos antes de la comida. Muchas personas beben grandes cantidades de líquidos con sus comidas, y tragan los alimentos con la ayuda del líquido, en lugar de masticarlo debidamente. El exceso de líquido en la comida puede diluir las enzimas pancreáticas. Por tanto, limite los líquidos durante las comidas.

5. Añada enzimas.

Hay algunas personas que necesitan completar sus

comidas con enzimas, y hay también quienes necesitan ácido clorhídrico. Acuda a un médico especialista en nutrición para que le haga un examen físico completo y un análisis digestivo completo de las excreciones en busca de bacterias patogénicas, crecimiento excesivo de levadura o parásitos.

6. Consiga bacterias buenas.

Ingiera bacterias buenas –lo cual incluye el lactobacilo acidófilo y el bífido– a fin de repoblar el tubo digestivo. Puede llenar de nuevo su cuerpo con bacterias beneficiosas a base de comer yogurt natural.

7. Introduzca alimentos interesantes.

No coma lo mismo siempre. Las alergias a los alimentos son causados también por el consumo excesivo y repetido de los mismos alimentos, sobre todo en el caso de una persona con síndrome de salideros intestinales.

8. Esté alerta en cuanto a las sustancias químicas de los alimentos.

Por último, creo que cada vez son más las personas que están experimentando alergia a los alimentos, a causa de la cantidad excesiva de contaminantes químicos que estamos consumiendo en los alimentos y el agua. Haga un esfuerzo especial por seleccionar los alimentos y los líquidos a base de su pureza y frescor. Evite los alimentos procesados que contengan muchas sustancias químicas, y vaya a la sección de vegetales orgánicos de su tienda de víveres. Los alimentos orgánicos son cultivados sin sustancias químicas tóxicas ni aditivos, y son mucho más sanos.

Estas sencillas medidas básicas pueden ayudar a sus intestinos a absorber sólo nutrientes bien digeridos y llevarlos al torrente sanguíneo, lo cual constituye un primer paso gigante para evitar las alergias a los alimentos.

Una fila de sospechosos

Es probable que los alimentos que le están haciendo daño se encuentren dentro de la fila de sospechosos que mencionamos a continuación. Los alimentos alergénicos más corrientes son los huevos, los productos lácteos, el trigo, la levadura, el maíz, el azúcar y la soya. Écheles una buena mirada para ver si puede identificar algunos de sus síntomas, y de esa manera evitarlos en su dieta.

El problema de las proteínas

Cualquier alimento puede causar una reacción alérgica. Sin embargo, los alimentos ricos en proteínas tienden a ser los peores delincuentes. Las proteínas son mucho más difíciles de digerir que los carbohidratos, e incluso las grasas. Si las proteínas pasan al torrente sanguíneo antes de estar digeridas, las moléculas proteínicas absorbidas por el torrente sanguíneo son demasiado grandes. Por eso, el sistema inmune reconoce estas grandes moléculas proteínicas como invasores extraños, y no como alimentos. Entonces se lanza al esfuerzo de destruir al invasor.

Limítese en cuanto a las carnes

Las carnes causan alergias con mucha mayor frecuencia que las frutas y los vegetales. También es frecuente que los granos causen alergias, sobre todo los que contienen gluten, como el trigo, la avena, el centeno y la cebada. Cuando se cocinan estos alimentos, este efecto disminuye aproximadamente hasta la mitad. El consumo de alimentos orgánicos también disminuye el efecto alérgico, porque la mayoría de las carnes preparadas para el comercio están contaminadas con pesticidas, antibióticos y hormonas del crecimiento, y todas estas cosas pueden causar alergias. Cuando se cocinan los alimentos en aceites como el de oliva, se hace más lenta la absorción de los mismos durante la digestión, con lo que decrecen las reacciones alérgicas.

✔ UN DATO DE SALUD PARA UNA CURA BÍBLICA

A continuación, una lista de reacciones físicas dolorosas y algunas veces vergonzosas que están relacionadas con lo que comemos.

- Además de otros alimentos, la leche, los huevos, el chocolate, los frutos secos, los cacahuetes, el pescado y el maíz pueden desatar el asma.

- La colitis y la enfermedad de Crohn se pueden asociar con alergias a la leche, los tomates, los huevos, el trigo, el maíz y los frutos secos, y a otros alimentos más.

- Las infecciones de oído suelen estar relacionadas con las alergias a la leche. Sin embargo, también es posible que estén involucrados los huevos, el maíz y el trigo, así como otros alimentos.

- La artritis suele estar asociada con vegetales como los tomates, las papas, la berenjena, los pimientos dulces, los pimientos picantes y otros pimientos. Entre otros alimentos que pueden provocar la inflamación de las articulaciones se hallan el cerdo, el trigo y el azúcar.

- La micción nocturna involuntaria suele ser motivada por la leche, el chocolate, el maíz, el trigo y los huevos, además de otros alimentos.

- Los eczemas se suelen asociar con una alergia a la leche. También se pueden deber al chocolate, los huevos, los granos y las alubias, y también a otros alimentos.

- La hiperactividad puede ser causada por aditivos de los alimentos, y también se puede deber a alergias al maíz, el azúcar y el trigo, además de otros alimentos.

- Hay alimentos como la leche, los huevos, el trigo, el chocolate, el vino, los frutos secos, el cerdo o el maíz entre otros, que pueden despertar las migrañas.

Evite comer huevo

El huevo contiene la proteína llamada albúmina, sustancia a la que muchas personas son alérgicas. Si usted es alérgico al huevo, evite las tartas, los caramelos, las galletas dulces, los postres, el helado, la mayonesa, los panqueques, las pastas, los pasteles, los budines, los aderezos de ensalada, los gofres, los pretzels y las rosquillas. Los alimentos procesados tienen poco valor nutritivo, e incluso a los que no seamos alérgicos al huevo nos conviene evitarlos.

¡Nunca coma huevos crudos! Es frecuente que estén contaminados con la bacteria llamada salmonela. ¿Le gusta comer huevos poco cocidos, como fritos con la yema entera, pasados por agua suaves, o revueltos ligeramente cocidos? Sigue corriendo un gran riesgo de desarrollar la salmonela. ¿Por qué no trata de cocer los huevos un poco más?

Los huevos contienen residuos de pesticida, antibióticos y otras drogas. Por eso yo escojo variedades orgánicas. Saben igual o mejor, y el riesgo para la salud es mucho menor.

Limite la leche

La leche es un alimento alergénico muy corriente, a causa de la proteína llamada caseína. La lactalbúmina es otra proteína de la leche que puede causar abotagamiento, gases y diarrea en muchas personas. La lactosa que se halla en el azúcar de la leche y en la crema causa reacciones alérgicas en muchas otras personas que toman leche. Tal vez le sorprenda saber que los siguientes productos contienen leche: las tartas, todos los quesos, las galletas dulces, las barras de dulce, las salchichas, el helado, los panqueques, los aderezos de ensalada, los gofres, el yogurt y la mantequilla.

Entre los síntomas de alergia a la leche se pueden incluir el asma, las urticarias, la congestión nasal, las infecciones en los oídos, la diarrea y la conducta hiperactiva. A los pacientes con la enfermedad de Crohn también se les deben hacer pruebas sobre la alergia a la leche.

Es fácil obtener el calcio que necesita el cuerpo en otras fuentes que no sean la leche y los productos lácteos. Entre estas fuentes están la soya, el brócoli, las almendras, el pescado y diferentes clases de alubias, incluyendo las pintas y las rojas.

Reduzca el trigo

El trigo es un alergeno corriente en los Estados Unidos. Contiene más cantidad de la proteína llamada gluten que ningún otro cereal. El centeno, la cebada y la avena contienen una cantidad menor de esta proteína, mientras que el maíz, el arroz y el mijo no contienen ninguna.

El gluten se presenta también en muchos alimentos procesados. Entre los alimentos más corrientes que contienen trigo se encuentran el pan, los panecillos, las tartas, los caramelos, los cereales, las mezclas para hamburguesa, el chocolate, las galletas dulces, los macarrones, la pizza, la boloña, la mayonesa, el glutamato monosódico (GMS), las pastas, los panqueques, los pretzels y las galletas saladas.

Evite la levadura

¿Le encanta ese maravilloso olor a levadura que sale del pan recién horneado? Si usted es alérgico a la levadura, debe evitarla. Se suele usar levadura en los alimentos horneados, y también en las bebidas alcohólicas. La levadura convierte el azúcar en alcohol y bióxido de carbono. Entre los alimentos que contienen levadura se hallan la salsa de barbacoa, los panes, las tartas, el ketchup, los quesos, el café, las galletas dulces y saladas, los frutos secos, todas las bebidas alcohólicas, la harina, los jugos de frutas, el melón cantalope, los champiñones, los cacahuetes, la pizza, los pretzels, los panecillos, la crema agria, la salsa de soya, el vinagre, la mayonesa, la mostaza, los encurtidos, los aderezos para ensalada, la salsa de tomate y las aceitunas.

Rechace el azúcar

¿Tiene ganas de comer azúcar? El azúcar es otro alimento alergénico corriente. El adulto promedio consume cerca de setenta kilos de azúcar al año.[1] El cuerpo la absorbe con rapidez y puede causar unas fuertes reacciones cuando la persona es alérgica a ella. También puede ser muy adictiva. El azúcar agota las existencias de vitaminas del complejo B en el cuerpo, además del cromo, el magnesio y el manganeso.

Además de esto, causa tensión en nuestras glándulas suprarrenales y en el páncreas.

✓ UN DATO DE SALUD PARA UNA CURA BÍBLICA

Entre los azúcares más corrientes se encuentran los siguientes:

- Los edulcorantes de maíz, usados en la mayoría de los productos horneados, los helados, el jamón, el tocino, los embutidos, el ketchup y las sodas.

- La sacarosa es azúcar de caña, procede de la caña de azúcar y de la remolacha. Se usa en los helados, las jaleas, las mermeladas y las carnes procesadas.

- La dextrosa es un derivado del almidón de maíz y se usa en las soluciones intravenosas.

- El sirope de maíz rico en fructosa se produce a partir de la dextrosa y es uno de los ingredientes de todas las sodas. También se usa en cereales, aderezos de ensalada, ketchup y productos horneados.

- La glucosa también se deriva del almidón de maíz. Es mucho menos dulce que la sacarosa, y se encuentra en las carnes para emparedado y en el jamón.

- La fructosa es el doble de dulce que la sacarosa, y se encuentra en las tartas, los caramelos, las jaleas, los cereales, la mayonesa y los aderezos de ensalada.

- La miel contiene un ochenta por ciento de sacarosa, pero los humanos no tienen que digerirla. Es frecuente que se le añada sirope de maíz u otros azúcares.

Deseche el maíz

El maíz es usado en tantos alimentos distintos, que tal vez sea el alergeno más difícil de eliminar de la dieta. Entre los productos que contienen maíz se incluyen todas las bebidas carbonatadas, los panes, las tartas, los caramelos, el ketchup, los cereales, las galletas saladas, los jugos de fruta, el jamón, los licores, la cerveza, los pasteles rellenos, los aderezos de ensalada, los tacos, las tortillas mexicanas y el vinagre. La lista sigue, y es larga. De hecho, se usa hasta en el dentífrico.

Evite la soya

La soya es también un alergeno corriente en los Estados Unidos. Se ha cultivado en la nación durante cerca de doscientos años, y cada vez se le han hallado más usos. Sin embargo, es uno de los alimentos más alergénicos que podemos tener en nuestra dieta. Entre las fuentes más comunes de soya se encuentran los productos horneados, los caramelos, los cereales, el helado, las carnes, las pastas, los aderezos de ensalada, la margarina y las salsas, como la salsa de soya, la salsa teriyaki y la salsa Worcestershire.

¿A qué es usted alérgico, exactamente?

Ahora que ha examinado la lista de los delincuentes más comunes, es posible que se esté preguntando cuáles son los que le están molestando a usted. Las alergias son tan individuales como el color de los ojos y la estatura. Para atacar a las alergias a alimentos en su propia vida, va a necesitar que se determine con exactitud qué alimentos lo están atacando.

> Si oyeres atentamente la voz de Jehová tu Dios, e hicieres lo recto delante de sus ojos, y dieres oído a sus mandamientos, y guardares todos sus estatutos, ninguna enfermedad de las que envié a los egipcios te enviaré a ti; porque yo soy Jehová tu sanador.
> *– Éxodo 15:26*

La forma más sencilla de tratar las alergias a los alimentos consiste en evitar todos los alimentos a los que usted pudiera ser alérgico. Sin embargo, primero necesita identificar el alimento alergénico. A continuación menciono varios métodos de prueba que lo pueden ayudar. Además de esto, le proporciono una dieta por eliminación y un diario al final del libro para que le ayuden a comprender con exactitud qué alimentos están causando sus síntomas alérgicos. Comience a crear su propio perfil de alergias, preguntándose cuáles son los alimentos que tiene ansias por comer, si es que hay alguno.

¿Qué ansía comer?

Una de las enfermeras que me ayudan en mi práctica es alérgica al azúcar. Cada vez que come un postre u otro alimento rico en azúcar para el almuerzo, se va poniendo cada vez más soñolienta, distraída y olvidadiza hacia la mitad de la tarde. Su capacidad de trabajo queda afectada notablemente con sólo comer un pedazo de pastel o de tarta. Es alérgica a los mismos alimentos que siente ganas de comer.

¿Siente ansias por comer ciertos alimentos? Estas ansias son señal de que es alérgico a ellos. ¿Le parece imposible? No lo es. Además de sentir esas ganas de comer los mismos alimentos que lo están enfermando, si tiene alergia a algún alimento, es probable que incluso se sienta mejor después de comer el alimento dañino. Si trata de dejar de comer aquello a lo que es alérgico, es posible que descubra que está pasando por los síntomas del abandono de una adicción.

Ésta es la razón de que haya tantas alergias a alimentos que no sean detectadas ni reciban tratamiento. Aunque usted no tosa, estornude ni tenga congestión nasal, la alergia a un alimento le puede dar sueño o dolor de cabeza alrededor de una hora después de haberlo comido.

Otro buen índice de alergia a algún alimento es su pulso.

Tómeles el pulso a sus alergias a alimentos

Por lo general, se puede determinar si se es alérgico a un alimento con sólo vigilarse el pulso. Escriba cuál es su pulso antes y después de comer un alimento en particular. Tómese el pulso durante un minuto, y después coma este alimento. Tómeselo de nuevo cinco minutos después de haberlo comido. Siga haciéndolo, tomándose el pulso a intervalos de quince minutos durante la hora siguiente.

Si le aumentan las pulsaciones más de diez por

minuto después de comer un alimento determinado, hay una posibilidad muy fuerte de que usted sea alérgico o sensible a ese alimento.

Hay una forma más sencilla aún de hacer esto, y es tomarse el pulso durante un minuto antes de comer un alimento al que usted sospecha que es alérgico, y después ponerse el alimento en la lengua durante treinta segundos. Vuélvase a tomar el pulso durante un minuto. Si aumenta más de diez pulsaciones, es probable que usted sea alérgico a ese alimento, y así podrá evitarlo en el futuro.

Las pruebas de alergia administradas por los médicos son muy precisas. Veamos algunas.

Las pruebas de alergia que le puede hacer su médico

Se pueden hacer pruebas de laboratorio para determinar si usted tiene alergias a los alimentos. La prueba llamada ALCAT calcula el tamaño y número de leucocitos de una persona antes y después de entrar en contacto con los alimentos alergénicos. La llamada RAST (siglas de "prueba radioalergosorbente" en inglés) mide el nivel de anticuerpos hallados en la sangre después de que la persona ha estado en contacto con un alimento o alergeno. La prueba llamada ELISA (siglas de "análisis de inmunosorbentes relacionados con enzimas" en inglés) mide muchos anticuerpos distintos que desempeñan un papel importante en las alergias a los alimentos.

Las pruebas de alergias que usan métodos de ayuno son también muy eficaces. Examinemos algunas.

Pruebas de alergia por medio del ayuno

Una forma sencilla de averiguar a cuáles alimentos es usted alérgico consiste en ayunar durante cuatro o cinco días, y después ir introduciendo de nuevo los alimentos uno a uno. Después del período de eliminación de cuatro a cinco días, pruebe los alimentos de los cuales sospecha, comiendo sólo un alimento a la vez, y después vigilando sus reacciones durante las tres o cuatro horas posteriores a haberlo consumido. Añada un solo alimento por día y ponga por escrito las reacciones que se produzcan inmediatamente después de comer y también varias horas después.

Una vez que haya identificado sus alergenos, ya sean el trigo, los huevos, la leche, el maíz, la levadura, el azúcar o la soya, evita comer esos alergenos durante cuatro días. Ése es el tiempo que le lleva al cuerpo eliminar los alimentos que haya comido. A base de rotar su dieta, reducirá las reacciones alérgicas, evitando que se acumulen los anticuerpos creados contra estos alimentos.

El reemplazo de comidas y las dietas hipoalergénicas

Como alternativa al ayuno, usted puede usar una fórmula hipoalergénica de reemplazo de comidas, como el UltraInflamX, de Health Designs, o el Ultraclear, de Metagenics. (Puede hallar estos productos en la internet, en www.healthdesigns.com, o www.metagenics.com, respectivamente). O bien, puede comer una dieta hipoalergénica, en la que se incluye comer todas las frutas (con excepción de los cítricos, las bayas y el tomate), todos los vegetales sin almidón, pavo, pez blanco como el halibut y el lenguado, almendras, semillas de girasol y arroz blanco o integral. Si las pruebas arrojan que usted es positivo en cuanto a un alimento en particular, evítelo durante tres meses, si es altamente alérgico. Rote los alimentos a los cuales es ligera o moderadamente sensible cada cuatro días. Si tiene la costumbre de comer algún alimento, o siente ansias de comerlo, rótelo también cada cuatro días; no lo coma a diario. Consulte en la página 77 la Dieta de eliminación que suelo usar en mi práctica médica.

No obstante, tengo por experiencia que la mayoría de las personas no siguen esta dieta, a menos que se sientan fuertemente motivadas. Por eso, sólo uso este método con las personas más fuertemente alérgicas, que han agotado otras opciones.

El ayuno y las dietas alergénicas especiales suelen ser un último recurso. Si usted es el alérgico promedio, es probable que descubra todo lo que necesita saber a través de métodos menos rigurosos, sobre todo si conoce la historia de alergias de su familia.

Su árbol familiar

¿Le brotaba urticaria a su madre después de comer

tomate? ¿Le entraba sueño a su padre los domingos, después de cenar carne asada con salsa? El conocimiento de cuáles eran los alimentos a los que eran alérgicos sus padres o sus abuelos le puede proporcionar una comprensión más clara de sus propios síntomas. La genética desempeña un papel de importancia cuando se trata de las alergias a los alimentos, así que tómese el tiempo necesario para reunir información acerca de su predisposición genética a las alergias.

¡Usted no es víctima de las alergias!

La comprensión de sus propios factores genéticos le puede dar una importante comprensión de sus propios síntomas, y también de los de sus hijos. Sin embargo, usted no es víctima de la genética, se su ambiente, ni de ninguna otra cosa. Si cree en que Dios tiene poder para sanar, nunca va a ser una simple estadística, porque ya habrá superado todas las situaciones. La fe en Dios es un principio que trasciende las matemáticas de todos los cuadros y las gráficas de las compañías de seguros.

Sabiduría de lo alto

¿No acaba de saber cuáles alimentos le están causando sus síntomas alérgicos? Pregúnteselo a Dios. Él le ha prometido responderle. La Biblia dice: "Y si alguno de vosotros tiene falta de sabiduría, pídala a Dios, el cual da a todos abundantemente y sin reproche, y le será dada. Pero pida con fe, no dudando nada" (Santiago 1:5-6).

Pídale a Dios que le revele cuáles son los alimentos que están causando sus síntomas alérgicos, y después comience a dar los pasos de cura bíblica que le he señalado. Cuando busque sus respuestas en Dios, espere hallar un gran alivio en Él. Dios lo ama tiernamente y se interesa mucho en todas las cosas de su vida. Usted descubrirá, tal como lo he hecho yo, que la fe en Dios nunca nos lleva a la desilusión.

Una oración de Cura Bíblica
para usted

Señor, ayúdame a descubrir los alimentos a los que soy alérgico, y eliminarlos de mi dieta. En este mismo momento te entrego todas mis preocupaciones, porque sé que tú te interesas en mí. Ayúdame a evitar los alimentos que no me hagan bien. Dame el deseo de comer alimentos sanos, de manera que mi cuerpo sea un vaso fuerte puesto a tu servicio. Amén.

UNA RECETA DE CURA BÍBLICA

Haga una lista de los alimentos a los que sabe que es alérgico:

_____

_____

_____

_____

Describa lo que está haciendo para evitar los salideros intestinales:

_____

_____

_____

_____

_____

¿Qué alimentos necesita eliminar de su dieta?

_____

_____

_____

_____

Capítulo 3

Ataque las alergias por medio del ambiente

Dios es el poderoso Creador que le dio forma a la tierra como resplandeciente reflejo de su propia gloria y majestad. La Biblia dice: "Oh Jehová, Dios de los ejércitos, ¿quién como tú? Poderoso eres, Jehová… Tuyos son los cielos, tuya también la tierra; el mundo y su plenitud, tú lo fundaste" (Salmo 89:8, 11).

Debe haber sido un espectáculo realmente maravilloso la perfección de la creación divina. Gran parte de ella retiene aún la gloria de su esplendor original. Sin embargo, es lamentable que la humanidad haya hecho tanto por echar a perder esa belleza. A lo largo de toda la historia, hemos llenado manantiales cristalinos con turbios contaminantes, y detergentes amarillentos y espumosos. Hemos llenado nuestros resplandecientes y claros cielos con la grisácea neblina de la contaminación, y nuestro rico suelo arcilloso con sustancias químicas tóxicas y venenos.

Dios creó puros el agua, el aire y los alimentos para nosotros. Pero nosotros hemos derramado una multitud de sustancias químicas en ellos, sobre todo por medio de los escapes de los automóviles y la contaminación de las fábricas. En su estado original, la tierra nunca nos habría hecho daño. En cambio, la acumulación de centenares de años de contaminación, toxinas y venenos se está cobrando un alto precio. Y aquéllos de nosotros que tienen alergias lo están pagando.

Los alérgicos suelen estar en pie de guerra contra su propio ambiente hostil. Pero hay esperanza. El mismo Dios que creó esta maravillosa tierra para fortalecerlo y sostenerlo sigue estando tan vivo, activo y poderoso como lo estaba al amanecer de la creación. Él le dará la sabiduría que necesita para ajustar su ambiente, de manera que pueda disfrutar de su vida al máximo.

He aquí algunos pasos que puede dar y que le ayudarán a dejar de estornudar, gotear, toser y jadear. Cuando descubra las causas de sus alergias ambientales, enfréntese de inmediato al problema. Dé los pasos que le recomiendo a continuación para modificar su ambiente, y espere que va a comenzar a sentirse mejor con gran rapidez.

Lléveselo:
Cinco sugerencias sobre el ambiente

Las alergias causadas por los materiales presentes en el aire que respiran sus pulmones, o alergias por inhalación, están relacionadas con el polen de los árboles y las hierbas, el moho, el polvo y la caspa de los animales. No es posible evitar por completo la mayoría de estas alergias por inhalación, así que es importante hacer algunos cambios en el ambiente para controlarlas.

1. Aparte de sí los alergenos de las plantas.

Las alergias al polen de los árboles y las hierbas se producen en diferentes estaciones del año. De hecho, hay algunos noticieros que anuncian el nivel local de moho y de polen para ayudar a los alérgicos. Si usted sufre de alergia polínica, no necesita que nadie le diga que se le aguan y le pican los ojos, y sus senos nasales gotean continuamente cuando los niveles de polen son altos. Sus síntomas empeoran en los días de viento y mejoran cuando usted está en casa o cuando llueve.

Puede controlar el polen del aire usando un purificador de aire para su hogar, como los filtros Hepa. Los ionizadores, que usan corriente eléctrica para limpiar y purificar los olores y alergias que hay en el aire, también le pueden ayudar a crear un ambiente libre de polen en su hogar.

2. Acabe con el moho.

Las alergias por inhalación de moho no suelen causar picazón en los ojos o la nariz. Pero con frecuencia causan congestiones nasales y problemas de sinusitis crónica. Esto se debe a que el moho hace sus colonias dentro de los senos y los pasajes nasales.

Los síntomas de alergia al moho empeoran con el aire fresco del atardecer, en los lugares húmedos y en especial cuando se están recogiendo las hojas en el suelo. Los que sufren de ella también se sienten peor en un clima húmedo y cuando están cortando el césped.

Si usted tiene alergia al moho, por lo general se sentirá mejor dentro de una casa, sobre todo cuando esté funcionando un acondicionador de aire o la calefacción. Sus síntomas disminuirán también cuando la temperatura exterior baje a menos de cero grados centígrados.

✔ UN DATO DE SALUD PARA UNA CURA BÍBLICA

Dé estos pasos para controlar las alergias al moho:

- Evite la humedad excesiva dentro de su casa.

- Aumente la circulación de aire por medio de un sistema purificador de ambiente.

- Si la humedad es alta dentro de la casa, consiga un deshumectante.

- Ventile bien los cuartos de baño y no use en ellos alfombra, sino losa.

- No guarde ropa húmeda en el cuarto de baño. Llévela a la lavandería de la casa y cuélguela a secar para evitar que se produzca moho en ella.

- Deseche todos los objetos de su dormitorio que hayan criado moho, en especial las almohadas de espuma de goma, la ropa de cama, los periódicos viejos y las revistas.

- El moho también se puede multiplicar en el protector de goma que llevan debajo las alfombras. Si tiene alergia al moho, lo mejor será que tenga piso de losa o de madera en su dormitorio.

- También debe sacar de la casa las plantas decorativas, puesto que éstas guardan el moho.

- Tenga toda la leña de la chimenea fuera de la casa, puesto que el moho crece en la corteza de los árboles.

- Limpie las paredes y los pisos de las duchas con cloro, que mata el moho.

- Asegúrese de que no quede agua estancada en el cuarto de baño.

- Los purificadores de aire, los ionizadores y los generadores de ozono también quitan las esporas del moho. No obstante, es necesario cambiarles los filtros periódicamente.

3. Elimine la caspa de los animales.

¿Jadea y estornuda cuando hay gatos cerca? La caspa de los animales (en el pelo), y en especial la de los gatos, es un alergeno sumamente fuerte para los seres humanos. ¿Ha notado alguna vez con cuánta frecuencia y detenimiento se lamen los gatos el pelo? La saliva de los gatos es sumamente alergénica. La caspa de los perros es otra causa corriente de alergias, pero no es tan alergénica como la de gato.

Entre los síntomas de alergia a gatos o perros se incluyen el jadeo, los ojos aguados y con picazón, los estornudos, las erupciones y la ronquera. Sin embargo, no se desprenda de su gato con demasiada rapidez. Puede reducir drásticamente sus síntomas de alergia bañando con frecuencia a su animalito.

4. Elimine el polvo.

El polvo dela casa contiene suciedades orgánicas e inorgánicas. Está formado por esporas de moho, polen, pelusa de celulosa procedente del algodón, el lino y otras fibras, caspa de animales y diminutos pedazos de cucarachas, trazas, pulgas, moscas, ácaros, heces de insectos y caspa humana. La casa promedio de seis habitaciones acumula unos veinte kilos de polvo en un año.

Por lo general, los síntomas de alergia al polvo empeoran después de haber estado limpiando con aspiradora o quitando el polvo en la casa, o cuando se prepara la cama. Por lo general, estos síntomas son más fuertes por la mañana al levantarse, y la persona va mejorando durante el día. Si usted es alérgico al polvo, es corriente que se sienta peor dentro de la casa, y mejor cuando sale de ella.

Es imposible evitar el polvo por completo, pero sí se puede controlar de manera significativa. Comience por su dormitorio. No acumule objetos debajo de la cama, porque éstos recogen polvo. Lave todas sus mantas y cubrecamas por lo menos una vez al mes. Si tiene alfombra en su dormitorio, quítela. Reemplácela con losa o con madera. Quite también las cortinas y persianas; use unas cortinas que sean lavables.

Quite todas las cosas que recojan polvo, como los cuadros, los adornos, las flores artificiales y cosas semejantes. No deje que sus animales domésticos entren en el dormitorio, y mantenga cerradas todo el tiempo las puertas de los armarios empotrados. Cubra los colchones y las almohadas. Pase la aspiradora y quite el polvo del suelo y los muebles de su cuarto todos los días. Consígase un purificador de aire para el cuarto y cambie el filtro periódicamente.

> Por nada estéis afanosos, sino sean conocidas vuestras peticiones delante de Dios en toda oración y ruego, con acción de gracias. Y la paz de Dios, que sobrepasa todo entendimiento, guardará vuestros corazones y vuestros pensamientos en Cristo Jesús.
> – *Filipenses 4:6-7*

Si sus hijos son alérgicos al polvo, no les llene el cuarto con juguetes de peluche. Por último, trate de evitar los viajes al desván, los cuartos de almacenamiento o cualquier otro lugar lleno de polvo.

5. *Elimine los ácaros del polvo.*

Estos ácaros viven en el polvo, y son parientes de las garrapatas y las arañas. Viven de los millones de escamas de piel que se les caen a los seres humanos a diario. Cada ácaro del polvo produce unas veinte bolas fecales al día. Estas bolas son tan ligeras, que flotan en el aire hasta diez minutos. Los ácaros del polvo suelen vivir en los colchones, los muebles, los animales de peluche y las alfombras.

Si usted es alérgico a ellos, sus síntomas serán la

congestión nasal, los oídos tupidos y la abundancia de estornudos, sobre todo al levantarse. Sus síntomas mejoran cuando está fuera de la casa, pero empeoran cuando hace la cama.

La mejor forma de controlar los ácaros del polvo es controlar la humedad de la casa con un deshumectante. El uso de calefacción central disminuye también la población de ácaros del polvo de manera significativa en la casa. Las cubiertas para los colchones y las almohadas también ayudan.

✔ UN DATO DE SALUD PARA UNA CURA BÍBLICA

Es posible que nuestra vida tan sedentaria, producto de la televisión, las computadoras en el hogar y otras formas de diversión en la casa, nos esté poniendo en contacto con un número mayor de alergenos que se hallan en su interior.

"La consecuencia de que nos sentemos durante tres horas o más al día frente a un televisor, video o computadora es una disminución en la actividad, un aumento en la obesidad, y un contacto mayor con los alergenos del interior de la casa", dice el Dr. Platts-Mills. "El hecho de estar sentados demasiado tiempo puede influir también sobre la mecánica de los pulmones y predisponer a los niños al asma."[1]

Hay otros factores más de nuestro estilo de vida que aumentan las reacciones alérgicas:

- Los sistemas de ventilación cerrada que hay en los transportes públicos, incluyendo a los aviones.
- La disminución de la ventilación y el aumento del uso de alfombras en los hogares.

Pregúntele a su médico

Se pueden hacer pruebas de laboratorio para determinar si usted tiene alergias al medio ambiente. Entre estas pruebas se halla la de hacerle un rasguño o un pinchazo, que puede diagnosticar alergenos por inhalación como distintas clases de polen, polvo, moho y caspa animal. Pregúntele además a su médico por el examen llamado RAST, que mide el nivel de anticuerpos que hay en la sangre después que la persona ha estado en contacto con un alergeno.

Su médico sabe lo importante que es atender a las señales que envía su cuerpo, porque su cuerpo y su buena salud son unos dones muy valiosos.

Su cuerpo: un regalo de Dios

Dios creó su cuerpo para que floreciera en un ambiente sano. Los síntomas de alergia son señal de que ese cuerpo está luchando con unos contaminantes ambientales que no fue Dios quien los diseñó. Haga cuanto esfuerzo esté a su alcance por mantener un ambiente sano, a fin de proteger su cuerpo y su sistema inmune.

Su cuerpo es un regalo único que le ha hecho Dios. El salmista escribe:

> Porque tú formaste mis entrañas; tú me hiciste en el vientre de mi madre. Te alabaré; porque formidables, maravillosas son tus obras; estoy maravillado, y mi alma lo sabe muy bien. No fue encubierto de ti mi cuerpo, bien que en oculto fui formado, y entretejido en lo más profundo de la tierra. Mi embrión vieron tus ojos, y en tu libro estaban escritas todas aquellas cosas que fueron luego formadas, sin faltar una de ellas. ¡Cuán preciosos me son, oh Dios, tus pensamientos! ¡Cuán grande es la suma de ellos!
>
> — Salmo 139:13-17

Puesto que su cuerpo es un regalo tan valioso de Dios, tome la decisión de protegerlo de todas las formas posibles.

UNA ORACIÓN DE CURA BÍBLICA
PARA USTED

Señor, gracias por el valioso don de mi cuerpo y de mi buena salud. Ayúdame a proteger de las toxinas y los alergenos ambientales este cuerpo que me has dado. Mantenme consciente de los lugares donde voy y el aire que respiro. Dame sabiduría para mantener mi hogar tan limpio y libre de toxinas como me sea posible. Gracias por este conocimiento que me muestra la forma de librarme de los alergenos y llevar un estilo de vida libre de alergias. Amén.

Ponga una marca junto a todas las cosas que necesita enfrentar, y que le pueden estar causando reacciones alérgicas:

- ❏ Mejor control del polvo
- ❏ Reducción de la caspa de animales
- ❏ Eliminación de las formas en que puede crecer el moho
- ❏ Eliminación de los alergenos de plantas
- ❏ Otro: _____

Vuélvase salmista como David, y escriba un poema en el que le dé gracias a Dios por el privilegio de cuidar de su propio cuerpo:

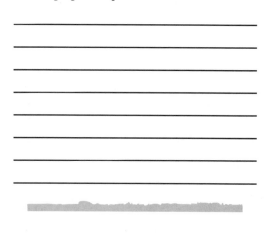

_____

_____

_____

_____

_____

_____

_____

_____

Capítulo 4

Ataque las alergias con vitaminas y suplementos

Una noche, el salmista David miró al cielo tachonado de estrellas y pensó en Dios, el Creador, y también en sí mismo, criatura maravillosamente única. Escuche sus hermosas palabras:

> Cuando veo tus cielos, obra de tus dedos, la luna y las estrellas que tú formaste, digo: ¿Qué es el hombre, para que tengas de él memoria, y el hijo del hombre, para que lo visites? Le has hecho poco menor que los ángeles, y lo coronaste de gloria y de honra… ¡Oh Jehová, Señor nuestro, cuán grande es tu nombre en toda la tierra!
>
> — Salmo 8:3-5, 9

El corazón de David se sintió abrumado por el poder creador de Dios, y se humilló ante el toque de genio creativo usado para hacer a la humanidad. Me pregunto si no estaríamos más atentos al cuidado de nuestro cuerpo si nos sintiéramos un poco más maravillados ante la labor creadora de Dios en la obra maestra que somos.

Por medio de su maravillosa creación, Dios también nos ha proporcionado unas incontables fuentes de nutrición. Las vitaminas y los minerales han sido programados de manera única por Él para fortalecer los numerosos sistemas de nuestro organismo.

Aunque los adquiera en cierta medida con los alimentos que come, necesita tomar las vitaminas y los minerales como suplementos para fortalecer su sistema inmune y proporcionarle a su cuerpo lo que necesita para combatir los síntomas de las alergias.

Las alergias a los alimentos

Si está experimentando alergias a alimentos, su plan de cura bíblica incluye el darle a su cuerpo grandes cantidades de las vitaminas y los suplementos siguientes. Estos poderosos nutrientes ayudarán a restaurar la salud de su mucosa intestinal.

Glutamina. Para sanar las células del intestino delgado, recomiendo dos tabletas, o mil miligramos de glutamina tres veces al día. Tómelas unos treinta minutos antes de cada comida.

También recomiendo un producto combinado que se llama Total Leaky Gut, producido por Nutri-West. Contiene glutamina, N-acetil, glucosamina, DGL, olmo resbaloso, ácido lipóico, zinc, y vitaminas C y E. (El DGL es una forma de regaliz al que se le ha quitado el ácido glicirretínico, puesto que éste causa a veces alta presión arterial. Lo puede hallar en las tiendas de alimentos para la salud de su localidad).

La bromelaína es una enzima digestiva que ayuda

a digerir las proteínas. La bromelaína procede de la piña, y cuando se la absorbe, tiene una actividad antiinflamatoria. Tome doscientos miligramos dos veces al día.

El GLA, que se encuentra en el aceite de primavera amarillenta, el aceite de grosella negra o el de borraja, es un ácido graso que el cuerpo convierte en PGE_1, el cual tiene propiedades antiinflamatorias. La dosis normal es de unos trescientos miligramos diarios; no obstante, puede tomar hasta mil quinientos miligramos al día para suprimir la inflamación.

Si toma todos los días los nutrientes anteriores, esto ayudará a su cuerpo a devolverle su integridad a los intestinos y mejorará la forma en que es absorbida la nutrición en su torrente sanguíneo.

Las alergias ambientales

Si usted estornuda, jadea, tose y gotea a causa de los alergenos del aire, la siguiente lista de vitaminas y suplementos lo ayudará a fortalecer las necesidades especiales de su sistema inmune.

La vitamina C. Yo recomiendo mil miligramos de vitamina C protegida, tres veces al día. El alto nivel de vitamina C protegida en el cuerpo tiene efecto antihistamínico. La vitamina C también ayuda a las glándulas suprarrenales. Además de fortalecer el cuerpo contra los alergenos del ambiente, la vitamina C también ayuda al cuerpo con los síntomas de eliminación de adicción y las reacciones causados al comer los alimentos a los que usted es alérgico.

Los bioflavonoides son también eficaces contra los síntomas de la alergia. Son poderosos antiinflamatorios y se encuentran en el centro blanco de los frutos cítricos y en otras comidas que contienen vitamina C. Los bioflavonoides fortalecen el sistema inmune y ayudan a limitar las reacciones a las histaminas. Los puede hallar en suplementos de vitaminas y minerales, como la vitamina C con bioflavonoides.

La quercetina es un bioflavonoide que reduce los niveles de histamina. Tome quercetina en una dosis de quinientos miligramos tres veces al día, junto con vitamina C protegida en una dosis de mil miligramos tres veces al día, para aliviar los síntomas alérgicos. La quercetina se encuentra también en las cebollas amarillas y rojas.

El extracto de semilla de uva es otro bioflavonoide que tomado con vitamina C ayuda a suprimir las reacciones alérgicas. Yo recomiendo una dosis entre los cien y los trescientos miligramos diarios.

El ácido pantoténico o vitamina B$_5$ ayuda tanto a las glándulas suprarrenales como al timo, lo cual a su vez reduce al mínimo las reacciones alérgicas. Tome una dosis de trescientos a quinientos miligramos diarios.

El ácido graso Omega 3 es aceite de pescado. Una dosis de dos cápsulas de mil miligramos en cada comida puede ayudar a protegerlo de los ataques alérgicos.

La ortiga tiene unas hojas que causan unos pequeños salientes, los cuales queman la piel cuando se los toca. Estas hojas urticantes tienen un efecto antiinflamatorio sobre el cuerpo, sobre todo cuando se ingieren junto con vitamina C, y ayudan a reducir los síntomas alérgicos. La dosis normal es de doscientos a trescientos miligramos de cápsulas de ortiga tres veces al día durante la estación de las alergias.

> No seas sabio en tu propia opinión; teme a Jehová, y apártate del mal; porque será medicina a tu cuerpo, y refrigerio para tus huesos.
> – *Proverbios 3:7-8*

Si toma fielmente estas vitaminas y suplementos, fortalecerá su sistema inmune y ayudará a su cuerpo a combatir los síntomas alérgicos producidos por las toxinas ambientales con las que se encuentre.

Conclusión

Su Creador ha proporcionado todo lo necesario para fortalecerlo, sostenerlo y mantenerlo. Ha agraciado a la tierra con vitaminas y hierbas a fin de bendecir a la humanidad. La Palabra de Dios dice: "Él hace producir el heno para las bestias, y la hierba para el servicio del hombre, sacando el pan de la tierra" (Salmo 104:14).

Recuerde que Dios ha provisto estas sustancias naturales para ayudarlo a caminar en la salud divina. Cuando ore, lea las Escrituras, evite las toxinas, coma correctamente y tome sus vitaminas y suplementos, descubrirá que su cuerpo comienza a edificar una nueva fortaleza contra los síntomas de las alergias que lo han estado molestando durante toda la vida. Comience a desarrollar un estilo de vida libre de alergias que lo capacite mejor para adorar y servir a su Creador.

UNA ORACIÓN DE CURA BÍBLICA PARA USTED

Padre Dios, tú has creado muchas sustancias maravillosas para ayudar a mi cuerpo a permanecer sano y combatir las alergias. Ayúdame a recordar cada día que debo tomar los suplementos que necesito para seguir teniendo fortaleza. Dame sabiduría para evitar las toxinas que hay en mi ambiente y mis alimentos. Haz de mí un vaso consagrado a tu servicio. Amén.

UNA RECETA
DE
CURA BÍBLICA

Ponga una marca junto a los suplementos que necesita tomar para mejorar su digestión intestinal:

❏ Glutamina

❏ Bromelaína

❏ GLA

Ponga una marca junto a las vitaminas y los suplementos que tiene pensado tomar para que lo ayuden a vencer sus alergias:

❏ Vitamina C

❏ Quercetina

❏ Extracto de semilla de uva

❏ Ácido pantoténico

❏ Ácido graso Omega 3

❏ Urticaria

Capítulo 5

Llegue a la victoria por medio del poder de la fe

L a mayoría de los médicos se esfuerzan grandemente por ser buenos profesionales. Pero sólo hay un Gran Médico que puede curar todas las enfermedades. Se llama Jesucristo. Ya en estos momentos estoy seguro de que usted se dará cuenta de que esta cura bíblica comprende la confianza en el Sanador Divino que lo ama tiernamente y tiene el poder necesario para sanarlo.

La Biblia les promete sanidad y salud por medio de la fe y la oración a los que busquen a Dios y crean. La Palabra de Dios dice: "¿Está alguno enfermo entre vosotros? Llame a los ancianos de la iglesia, y oren por él, ungiéndole con aceite en el nombre del Señor" (Santiago 5:14).

La fe y la oración son dos de las fuerzas más poderosas del universo. Por medio de ellas, cualquier persona puede tocar al Dios sobrenatural. ¿Ha pensado en pedirle a alguien que ore por su salud? Tal vez no conozca nadie que lo pueda guiar en la oración de fe para pedir sanidad. No importa. Puede inclinar su rostro ahora mismo y hacer una oración conmigo en este mismo instante.

UNA ORACIÓN DE CURA BÍBLICA PARA USTED

Amado Señor Jesucristo, te doy gracias porque eres el Gran Médico, y tienes poder para sanar mi cuerpo y darme una sanidad total. Te pido que toques mi cuerpo con tu poderosa unción sanadora en este mismo instante. Creo que moriste para salvarme y sufriste en una cruz para librarme de mis sufrimientos. Te agradezco tu gran amor por mí y tu gran poder. En el nombre de Jesús. Amén.

Isaías 53:5 habla de la muerte de Jesús en la cruz cuando dice: "Mas él herido fue por nuestras rebeliones, molido por nuestros pecados; el castigo de nuestra paz fue sobre él, y por su llaga fuimos nosotros curados".

Es decir, que Jesucristo tomó su lugar en el dolor cuando fue golpeado; cambió el castigo que usted debía por su pecado cuando fue crucificado. De hecho, se cambió de lugar con usted para que usted pudiera ser sanado. Ahora bien, me doy cuenta de que es posible que esto le resulte un tanto difícil de comprender. Los caminos de Dios están por encima de los nuestros. (Vea Isaías 55:8). Pero aunque no los podamos comprender del todo, podemos seguir creyendo.

Yo he visto personalmente el poder sanador de Dios en la vida de muchas personas en el mundo entero, y he experimentado el toque sanador de Dios también en mi propio cuerpo. Ese mismo poder sanador es el que se halla a su disposición. Sólo hace falta un poco de fe.

Unas palabras acerca de la fe

Hay muchas personas que piensan que la fe es un gran poder emocional que unos tienen y otros no. Nada más lejos de la verdad. La fe no es más que la sencilla decisión de tomarle la Palabra a Dios. La fe todo lo que hace es tomar la decisión de creer en Dios, aun cuando las circunstancias, los sentimientos y los datos médicos parezcan contradecirla.

> Jehová Dios mío, a ti clamé, y me sanaste.
> – *Salmo 30:2*

He aquí otra poderosa verdad acerca de la fe: la fe se mantiene firme. No lo echa todo a rodar ni se da por vencida. Me encanta el pasaje de la Biblia que habla de la mujer que le tocaba la puerta al juez. Cuando él no parecía estar oyendo, ella seguía tocando y pidiendo. Por fin, el juez se levantó de la cama y le dio lo que quería. (Vea Lucas 18:2-5). La Biblia dice que Jesús contó esta parábola con el fin de indicarnos que debemos seguir orando sin cesar.

La Biblia nos dice que no hay nada imposible si tenemos fe: "De cierto os digo, que si tuviereis fe como un grano de mostaza, diréis a este monte:

Pásate de aquí allá, y se pasará; y nada os será imposible" (Mateo 17:20).

Lo exhorto a tomar la decisión de tener fe, aunque se enfrente a una montaña de síntomas alérgicos con la que ha estado batallando toda la vida. Sea como la mujer que acudió al juez: siga orando hasta que llegue la respuesta.

Además de todo esto, dé los pasos de cura bíblica descritos en este librito para fortalecer su cuerpo, y prepárese a sentirse mejor que nunca antes.

UNA ORACIÓN DE CURA BÍBLICA
PARA USTED

Le ruego a Dios que su Espíritu lo motive a aplicar a la práctica todo lo que ha aprendido. Que evite todas las toxinas y los contaminantes de su ambiente en su caminar diario. Que nunca dañe su cuerpo respirando humo u otras sustancias que pueden debilitar su sistema inmune y causarle alergias. Que la obra sanadora de Dios lo sostenga y levante mientras disfruta de la salud divina y de una vida libre de alergias. Amén.

UNA RECETA
DE
CURA BÍBLICA

Describa la forma en que la oración y la fe lo ayudan a fortalecerse espiritualmente para combatir sus alergias:

_____

_____

_____

_____

Si no recibe respuesta inmediata a su oración, ¿qué piensa hacer?

_____

_____

_____

_____

Aprenda de memoria los siguientes versículos:

Envió su palabra, y los sanó, y los libró de su ruina.

— Salmo 107:20

Mas yo haré venir sanidad para ti, y sanaré tus heridas, dice Jehová.

— Jeremías 30:17

Conclusión

¡Comience hoy mismo su futuro libre de alergias!

Ahora dispone de un plan para vivir libre de alergias. Comienza con la comprensión de qué es lo que está causando las reacciones alérgicas en su vida. Tal vez haya descubierto que hay ciertas toxinas en su ambiente que están provocando sus síntomas alérgicos. Es posible que esté respirando ciertas sustancias ante las cuales reacciona su cuerpo. O tal vez esté comiendo e ingiriendo ciertos alimentos o sustancias químicas que afectan de forma adversa a su cuerpo.

Ese conocimiento es un don de Dios para ayudarlo a vencer las alergias y vivir libre de ellas. Dios quiere que usted lleve una vida abundante en todos los aspectos. (Vea Juan 10:10). Sólo puede vivir de manera abundante si tiene un sistema inmune saludable capaz de resistir todos los ataques de los alergenos. Por medio de las Escrituras, la oración, una buena nutrición, la eliminación de toxinas y alergenos, y el uso de los suplementos y vitaminas adecuados, usted puede ganar una victoria personal contra las alergias.

Los mejores días de su vida están en el futuro, cuando esté libre de estornudos, jadeos, ojos aguados y otros incómodos síntomas de las alergias. Por fe, creo que usted va a caminar en la salud divina si aplica a la práctica la sabiduría y el conocimiento que ha adquirido en este librito.

— Dr. Don Colbert, M. D.

La dieta de eliminación y el diario de alergias a alimentos del Dr. Colbert

Para determinar a qué alimentos es usted alérgico, primero debe purificar su cuerpo, o eliminar de él las toxinas, de manera que desaparezcan todos los posibles alergenos procedentes de alimentos que esté comiendo en el presente. Con el fin de hacer esto, necesita seguir una de las opciones siguientes (antes de comenzar esta dieta de eliminación, consulte a un médico experto en nutrición):

Primera opción: Absténgase durante cuatro días de todos los alimentos, con excepción del agua y el Ultraclear o UltraInflamX (que puede conseguir por medio de un médico nutricionista). Suelen hacer falta entre cuatro y cinco días para eliminar todos los alergenos procedentes de alimentos que haya en el sistema. Si no puede ayunar y tomar UltraInflamX o Ultraclear, pruebe la segunda opción.

Segunda opción: Elimine de su dieta todos los alimentos menos el agua, el concentrado de proteínas de arroz, que puede usar en batido (consígalo en una tienda de alimentos para la salud), y una ensalada de lechuga romana verde oscura, aceite de oliva extravirgen y jugo de limón. No le ponga ningún otro aditivo a la lechuga. También puede comer cordero, arroz, pollo, brócoli, col y manzana. Coma esto durante cuatro o cinco días.

Diario para una dieta de eliminación de siete días

Instrucciones:

Mantenga un diario de lo que está comiendo y de la cantidad de agua que está tomando. Beba tantas onzas de agua (1 onza líquida = 0,036 litro) como la mitad del peso de su cuerpo en libras (1 libra = 453,6 gramos). Por ejemplo, si usted pesa 150 libras (68,04 kilos), trate de beber por lo menos 75 onzas (2,7 litros) de agua al día. El agua es esencial para la eliminación de todos los alergenos y las toxinas de su sistema.

LA CURA BÍBLICA

DÍA 1

Alimentos que comió	Hora en que los comió

¿Cuánta agua bebió?

LA CURA BÍBLICA

DÍA 2

Alimentos que comió	Hora en que los comió

¿Cuánta agua bebió?

LA CURA BÍBLICA

DÍA 3

Alimentos que comió	Hora en que los comió

¿Cuánta agua bebió?

_____

LA CURA BÍBLICA

DÍA 4

Alimentos que comió	Hora en que los comió

¿Cuánta agua bebió?

Día 5

Instrucciones: Ahora que su cuerpo está purificado, puede introducir el primer grupo de alimentos que crean con frecuencia síntomas alérgicos en otras personas. Es posible que descubra que desarrolla dentro de las cuarenta y ocho horas algunos de los síntomas de alergia a alimentos que mencionamos en las páginas 21–22. Tómese el pulso inmediatamente antes de comer estos posibles alergenos, e inmediatamente después de comerlos. Si le aumenta el pulso diez latidos o más por minuto, es altamente probable que sea alérgico a este grupo de alimentos. Se debe tomar el pulso durante todo un minuto.

El primer grupo de posibles alergenos es el de los huevos y los productos que contienen huevo. Tómese un batido de concentrado de proteínas de arroz, coma una ensalada con aceite de oliva extravirgen y jugo de limón, beba agua y coma las otras comidas que sean seguras, pero añádales huevo durante un día. Siga la opción de purificación que haya escogido durante dos o tres días, para ver si se presentan los síntomas de alergia. Si tiene reacción alérgica al huevo, entonces habrá identificado por lo menos este alergeno procedente de alimentos.

LA CURA BÍBLICA

DÍA 5

Alimentos que comió	Hora en que los comió

¿Cuánta agua bebió?

_____

Pulso medido durante un minuto antes de comer huevo:_____

Pulso medido durante un minuto inmediatamente después de comer huevo: _____

LA CURA BÍBLICA

DÍA 6

Alimentos que comió	Hora en que los comió

¿Cuánta agua bebió?

Si no tuvo reacción alérgica al huevo en el primer día que lo comió, necesita seguirlo vigilando hasta el séptimo día para asegurarse de que su cuerpo no va a reaccionar contra este alergeno.

LA CURA BÍBLICA

DÍA 7

Alimentos que comió	Hora en que los comió

¿Cuánta agua bebió?

_____

....

Si no tuvo reacción alérgica a los huevos, pruebe ahora con el próximo alergeno en potencia. Proceda con el ciclo de prueba de dos a tres días para cada uno de los siguientes grupos de alimentos.

Cuando haga la prueba durante un día con el siguiente grupo de alimentos que puede ser alergeno, siga al día en que comió el posible alergeno con dos o tres días de observación y purificación. Proceda de igual manera con cada uno de los grupos de alimentos, hasta que haya identificado sus alergias a alimentos.

Mantenga un diario como el que aparece en las páginas anteriores, y vaya sustituyendo el huevo por uno de los grupos de alimentos siguientes. He aquí los grupos de alimentos que debe probar en busca de unas posibles reacciones alérgicas.

Productos lácteos: Mantequilla, suero de leche, queso, requesón, leche de vaca, queso crema, leche de cabra, helado, margarina, batidos de leche, crema agria, yogurt.

Productos de trigo: Pan, pastas, galletas saladas, cereales y todos los alimentos hechos con trigo.

Productos de maíz: Busque en las etiquetas de los productos los que tengan sirope de maíz, harina de maíz, sémola y todas las comidas hechas con harina de maíz.

Productos de soya: Harina de soya, leche de

soya, tempeh, proteína de soya suavizada, tofu.

Otros alimentos: He visto también una serie de alergenos de alimentos en las siguientes comidas que tal vez le convendría poner a prueba: cacahuetes, tomate, bayas, azúcar, chocolate, cafeína, etc.

Algunos descubrirán que tienen unas alergias fijas a ciertos alimentos, lo cual significa que esos alimentos siempre les van a producir síntomas alérgicos. Otras personas tienen alergias cíclicas a los alimentos, lo cual significa que si comen los mismos alimentos todos los días, van a desarrollar síntomas alérgicos. Por eso les recomiendo a los pacientes que coman una amplia variedad de alimentos y que los roten a lo largo de un período de cuatro días. En otras palabras, si usted no tiene una alergia fija al huevo o a los productos lácteos, pero tiene una alergia cíclica a ambos, puede comer huevos y productos lácteos el lunes. Pero entonces, tiene que esperar hasta el viernes, cuatro días después, antes de volver a comerlos. Si rota estos alimentos cada cuatro días, va a ser menos probable que experimente síntomas alérgicos.

Notas

PREFACIO
¡SE SENTIRÁ MEJOR!

1. "New Survey Reveals Allergies Nearly Twice As Common As Believed – Afflicting More Than One-Third of Americans", Colegio Estadounidense de Alergia, Asma e Inmunología (siglas en inglés, ACAAI), publicado en forma de noticia el 29 de julio de 1999 en www.allergy.mcg.edu.

CAPÍTULO 1
LO QUE SON LAS ALERGIAS

1. Adaptado del Colegio Estadounidense de Alergia, Asma e Inmunología, www.allergy.edu/quiz.

2. "About Food Allergies", El Colegio Estadounidense de Alergia, Asma e Inmunología, www..allergy.mcg.edu/Advice/foods.

CAPÍTULO 2
ATAQUE LAS ALERGIAS CON LA NUTRICIÓN

1. H. Leight Steward y otros, *Sugar Busters* (Nueva York: Ballantine Books, s. f.), p. 19.

1. "Increase in Asthmas Associated with Indoors Allergens and Inactivity", publicado en forma de noticia el 8 de noviembre de 1996 por el Colegio Estadounidense de Alergia, Asma e Inmunología, www.allergy.mcg.edu/news/indoor.

El Dr. Don Colbert nació en Tupelo, estado de Mississippi. Estudió en la Escuela de Medicina Oral Roberts, de Tulsa, Oklahoma, donde recibió el título de Bachiller Universitario en Ciencias con especialidad en biología, además de su título de medicina. El Dr. Colbert realizó su interinato y residencia en el Florida Hospital de Orlando, estado de la Florida. Ha sido certificado para la práctica familiar, y ha recibido un extenso adiestramiento en medicina nutricional.

Si desea más información
acerca de la sanidad natural y divina,
o información acerca de
los ***productos nutricionales Divine Health***®,
puede comunicarse con el Dr. Colbert
en la siguiente dirección:

Dr. Don Colbert
1908 Boothe Circle
Longwood, FL 32750
Teléfono 407-331-7007

La página del Dr. Colbert en la web es
www.drcolbert.com

**La serie *La cura bíblica*
incluye los siguientes libros:**

CASA
CREACIÓN

www.casacreacion.com
407.333.7117
800.987.8432

LA CURA BÍBLICA

Notas

_____
_____
_____
_____
_____
_____
_____
_____
_____
_____
_____
_____
_____
_____
_____
_____
_____
_____
_____

Notas

_____
_____
_____
_____
_____
_____
_____
_____
_____
_____
_____
_____
_____
_____
_____
_____
_____
_____
_____
_____

Notas

_____

_____

_____

_____

_____

_____

_____

_____

_____

_____

_____

_____

_____

_____

_____

_____

_____

_____

_____